Norbert Golluch

Der ausdauernde Hahn

Das chinesische Horoskop

Illustriert
von Birgit Tanck

Eichborn.

Die deutsche Bibliothek – CIP-Einheitsaufnahme

Golluch, Norbert:
Das chinesische Horoskop / Norbert Golluch. Ill. von Birgit
Tanck. - Frankfurt am Main : Eichborn.
Der ausdauernde Hahn. - 1994
ISBN 3-8218-3369-6

Umschlaggestaltung:
Heike Unger, KGB • Kölner Graphik Büro
Satz und Layout: M. Röhle, KGB • Kölner Graphik Büro
Druck und Bindung: Uhl, Radolfzell
ISBN 3-8218-3369-6
Verlagsverzeichnis schickt gern:
Eichborn Verlag, Kaiserstr. 66, D-60329 Frankfurt am Main

INHALTSVERZEICHNIS

ICH HASSE DAS CHAOS
MEINE MUSE HEISST ORDNUNG,
MEINE GELIEBTE IST DIE SEKUNDE.
ICH GEBE ALLES FÜR DIE GESETZE
WELCHE MEINE WELTMASCHINE
IN BEWEGUNG HALTEN.
ICH SPRECHE WAHR, STRAFE HART
UND ARBEITE UNERMÜDLICH.
HINTER DEM SICHTBAREN GIBT ES NICHTS.

SO DENKE ICH, DER HAHN

Der Hahn gehört zu den strengen und ernsten Zeichen des chinesischen Tierkreises. Er braucht ein Leben mit festen Regeln und fordert dieses auch für andere. Mit scharfen Verstand analysiert er die sichtbare Welt und folgert daraus, wie das Universum beschaffen ist. Übersinnliches Denken ist ihm fremd.

DER HAHN IM FERNEN OSTEN

Chinesischer Name	: Yi
Energie	: Yin (Nacht, negativ)
Element	: Metall
Die Stunden des Hahnes	: 17.00 - 19.00 Uhr
Das Motto	: Ich weiß es besser
Himmelsrichtung	: West
Monat/Jahreszeit	: September/Herbst
Farbe	: lila
Duft	: Myrrhe
Geschmack	: süßlich
Gewürz	: weißer Pfeffer
Baum	: Eiche
Edelstein	: Topaz
Metall	: Zink
Glückszahl	: 6
Glückstier	: Reh oder Hirsch
Glückspflanze	: Chrysantheme
Ideale Partner	: Büffel, Schlange
Der westliche Gefährte	: Jungfrau

DIE MONDJAHRE

Element	von	bis
Erde	22.1.1909	9.2.1910
Metall	8.2.1921	27.1.1922
Wasser	26.1.1933	13.2.1934
Holz	13.1.1945	1.2.1946
Feuer	31.1.1957	17.2.1958
Erde	17.2.1969	5.2.1970
Metall	5.2.1981	24.1.1982
Wasser	23.1.1993	9.2.1994

DAS CHINESISCHE MONDHOROSKOP

Als Buddha seine körperliche Existenz aufgeben und die Erde verlassen wollte, rief er alle Lebewesen zu sich, um Abschied zu nehmen. Aber nur zwölf Tiere kamen, und um diese Getreuen zu belohnen, übergab Buddha jedem von ihnen die Herrschaft über ein ganz besonderes Königreich: Jedes Tier sollte künftig ein Mondjahr regieren. Denn der chinesische Kalender, der älteste der Menschheit, ist ein Mondkalender. Seither gebieten die zwölf Tiere über die Jahre und das Leben der Menschen:

Die erfolgreiche Ratte
Der zuverlässige Büffel
Der gefährliche Tiger
Die anschmiegsame Katze
Der unerschrockene Drache
Die verführerische Schlange
Das eigensinnige Pferd
Die freundliche Ziege
Der heitere Affe
Der ausdauernde Hahn
Der aufregende Hund
Das bodenständige Schwein

Jeweils fünf Zwölf-Jahres-Kreisläufe, die nacheinander von den Elementen Holz, Feuer, Erde, Metall und Wasser beherrscht werden, fügen sich zu einem 60-Jahres-Zyklus zusammen.

DER HAHN UND DIE ELEMENTE

Fünf Elemente beherrschen die Mondjahre und damit das Leben aller Menschen. Es sind dies Metall, Wasser, Holz, Feuer und Erde. Ihre Einflüsse "färben" die Charakterzüge der Tierzeichen, verringern deren Stärke, gleichen sie vollständig aus oder verstärken bestimmte, im Tierzeichen angelegte Eigenschaften stark. Die fünf Elemente üben zudem auf unterschiedliche Weise Wirkungen aufeinander aus. Dabei gibt es eine sanfte, ableitende Wirkung und eine starke, beherrschende.

METALL - HART, ABER SPRÖDE

In einem Jahr mit Metalleinfluß geborene Menschen werden stark und charakterfest sein. Sie vertreten feste Ansichten, geben sich ebenso energisch wie strebsam und vollbringen, ausdauernd wie sie sind, auch höchste Anstrengungen. Metall-Menschen gehen unbeirrbar ihren Weg und sind von Schwierigkeiten und Behinderungen nicht aufzuhalten. Ihr Denken und Handeln richtet sich immer auf ein lohnendes Ziel. Zäh bleiben sie an der Sache und führen diese zu Ende -

wenn sie dabei nicht die Einflüsse ihres Tierzeichens behindern.
Aus der Stärke des Elements Metall erwachsen jedoch auch negative Einflüsse: Starr halten Metall-Menschen an einmal gewonnenen Positionen fest. Auf notwendige Veränderungen reagieren sie wenig flexibel und neigen dazu, ihre Meinungen dogmatisch und unnachgiebig zu vertreten. Doch Vorsicht! Hartes ist häufig spröde und zerbricht unter zu großer Belastung!
Metall-Menschen versuchen ihr Leben mit detailgenauer Planung in den Griff zu bekommen. Ihr ausgeprägter Sinn für materielle Werte und ihre Tendenz zu Macht beschert ihnen Wohlstand, möglicherweise sogar Überfluß. Sie bezahlen dafür mit Einsamkeit: Menschen unter Metalleinfluß sind häufig Einzelgänger und können Hilfe und Unterstützung von anderen nur schwer annehmen.

Wechselwirkungen

Metall formt Gefäße, die das Wasser auffangen und für die Menschen und Pflanzen bereithalten.
Metall schneidet das Holz, und eine Axt aus Metall fällt den stärksten Baum.

Wirrer Welt-Erretter: Metall-Hahn

(1861 - 1921 - 1981)

Die Welt hat auf ihn gewartet, den großen Redner, scharfsichtigen Führer und strengen Reformator der Ordnung, der für alles eine Lösung hat oder zumindest alles besser weiß als andere. Konkurrenten redet er unter den Tisch, denn er verteidigt seine Lösungen wie die zehn Gebote. Fremde Meinungen lehnt er ab

wie der Teufel das Weihwasser. Niemand vermag ihn aufzuhalten, denn er besitzt beispielhaften Arbeitseifer und eine Leidenschaft für seine Sache, die ihresgleichen sucht. Ein Bild der Stärke?
Keineswegs. Die Kehrseite dieser Person können Versagensängste, ein Gesundheitsfimmel ("Iiiih! Diese fiesen Erreger überall!") und ein Hang zu abstrusen Theorien und Weltformeln sein, mit der er die Menschheit beglücken will. Befriedigung findet er erst, wenn er seine Kräfte unter ein wirklich großes Ziel stellt und übergeordnete Orientierung findet. Als *Self-Made-Erlöser* ist er ungeeignet.

Wasser - sanft und stark

Wasser-Menschen sind mitteilsam und kontaktfreudig. Sie verstehen es, ihre Einstellungen und Ansichten anderen nicht nur durch Worte, sondern auch durch Gesten und weitere Ausdrucksformen der Körpersprache nahezubringen. Ihre Intuition und ihr Gespür für natürliche Abläufe (fließendes Wasser!) und Entwicklungen befähigt sie, ihre Umwelt für sich arbeiten zu lassen. Ihre ruhige Art, Einfluß zu nehmen, tut ein übriges: Wasser-Menschen werden die Fähigkeiten anderer für sich nutzen können.

Auf ihre Umwelt reagieren unter Wasser-Einfluß stehende Menschen offen und flexibel. Doch hier liegt auch ihre Schwäche: Sie vermeiden Konflikte, gehen lieber den Weg des geringsten Widerstandes und beschwichtigen häufig dort, wo Auseinandersetzungen geführt sein wollen. Zudem neigen sie hin und wieder zur Passivität und lassen sich lieber treiben, als selbst aktiv zu werden - wenn die Einflüsse ihres Tierzeichens nicht in eine andere Richtung wirken. Im Regelfall jedoch wirkt dieses Element positiv. Die sanfte, aber wirkungsvolle Kraft des Wassers ermüdet nicht und vollbringt, langsam, aber stetig, unerwartete Dinge: Sie kann förmlich Berge versetzen.

Wechselwirkungen

Wasser fällt als Regen herab und läßt Pflanzen wachsen. Es erzeugt also Holz. Wasser siegt über das Feuer, denn es kann die Flammen auslöschen.

Präziser Forscher: Der Wasser-Hahn

(1873 - 1933 - 1993)

Ein gemäßigter Hahn, der Sinn für geistige Werte (nicht nur seine eigenen) und kulturelle Erneuerung hat. Bei allzu hochfliegenden Projekten holt ihn sein Element wieder auf den Boden der Tatsachen zurück. Er kann einen regen Gedankenaustausch mit anderen Menschen pflegen, und in seinem Falle fließen die Informationen auch in beide Richtungen. Erst in der (manchmal kämpferischen) Zusammenarbeit erreicht er seine besten Leistungen. Dies befähigt ihn zu beachtlichen Erfolgen in der Naturwissenschaft, der Forschung und in den Ingenieurberufen. Auch im EDV-Bereich gehören Wasser-Hähne zu den Spitzenkräften. Als Privatmensch reagieren Wasser-Hähne weniger schroff - das Wasser schwächt ihre sonstigen Eigenschaften ab und läßt sie umgänglicher werden. Allerdings sind auch diese Hähne noch detailversessene Pedanten, jedoch meist auf harmlosen Gebieten: bei Riesenpuzzles oder wenn sie den Rasen ihres Anwesens mit der Nagelschere auf genau 1,35 cm Länge bringen...

Holz - lebendig und verwurzelt

Holz-Menschen stehen in der Welt wie ein Baum: selbstsicher und voller Festigkeit. Ihre Wurzeln sind dauerhafte moralische Werte. Dennoch müssen sie nicht als steife Tugendwächter gelten: Ihre Neugier auf alles Unbekannte und ihre Befähigung zu freundlichem Umgang mit anderen machen sie zu beliebten und wertvollen Zeitgenossen. Probleme lösen sich in ihrer Nähe förmlich in nichts auf, denn Holz-Menschen analysieren messerscharf und finden immer einen gangbaren Lösungsweg. Diese beneidenswerte Klarsichtigkeit erlaubt es ihnen, auch in großen Vorhaben den Überblick zu behalten. Als Freunde ungebremsten Wachstums und stetiger Erneuerung können sie zudem Ideen vermitteln und sinnvoll umsetzen. Diese Begabung, gepaart mit einer Anlage zur einfühlsamen

Menschenführung, läßt sie für hohe Positionen in Beruf und Politik geeignet erscheinen. Holz-Menschen stehen selten auf einsamem Posten. Mit ihrer Überzeugungskraft und ihrem Optimismus gewinnen sie schnell Verbündete.
Die für Holz-Menschen typischen Gefahren: Die Neigung, alles auf die Spitze zu treiben, raubt ihnen oft unnötig viel Energie. Wenn sie - selten genug - ihre Möglichkeiten überschätzen, versagen sie völlig und reagieren kopflos - wenn nicht die Energien ihres Tierzeichens dem entgegenwirken.

Wechselwirkungen

Holz nährt das Feuer. Ohne Holz kann das Feuer nicht existieren. Holz hält die Erde mit seinen Wurzeln fest und entnimmt ihr, was es zum Wachstum braucht.

Guter Nachbar: Der Holz-Hahn

(1885 - 1945 - 2005)

Holz-Hähne stehen ihrer Umwelt gelassener und weniger dogmatisch gegenüber. Sie wissen, daß alles wächst und sich immer wieder ändert und erneuert. Daher sind sie schon zufrieden, wenn dies im Rahmen bestimmter Regeln geschieht. Das hindert sie nicht daran, selbst mit Begeisterung für tradierte Werte und die bestehende Ordnung einzutreten. Bäume dürfen eben nicht in den Himmel wachsen. Sie selbst sehen sich als "gemäßigt progressiv", halten sich stets an alle Regeln und erfüllen brav ihre Pflichten, bestehen aber auch auf ihren Rechten. Persönliche und finanzielle Sicherheit sind ihnen Grundbedürfnis, ihre Risikobereitschaft geringer als bei anderen Hähnen.

Im Privatleben können sie gesellige Freunde und umgängliche und hilfsbereite Nachbarn sein - wenn niemand in ihren Vorgarten pinkelt oder ähnliche Sakrilegien begeht. Wer solches tut, leitet Familienfehden ein, die auch Jahrhunderte dauern können...

Feuer - heiss und zerstörerisch

Mit Entschlußkraft und Souveränität treten Feuer-Menschen der Welt gegenüber. Energisch, erfolgsorientiert und -gewohnt, stellen sie häufig den Alleinherrscher in Person dar. Dabei sind sie weder Hochstapler noch Wichtigtuer: Hinter ihrer Erscheinung steht Substanz. Feuer-Menschen zeichnen sich tatsächlich durch ihre Führungsbefähigung aus. Brillant im Intellekt und durchdrungen von glühender Begeisterung bei der Verwirklichung von neuen Ideen, schreiten sie unverzüglich zur Tat - und reißen ihre Mitmenschen mit sich. Besonders empfängliche Personen machen sie vielleicht gar zu Fanatikern.

Ihre Abenteuerlust und ihr Vergnügen an Neuerungen nimmt auf Bestehendes wenig Rücksicht. Im Gegenteil: Feuer-Menschen lieben das Wagnis. Ständig sind sie unterwegs zu neuen, unbekannten Ufern, begleitet von ihren Anhängern, Jüngern und Gefolgsleuten,

die sie einfallsreich und geschickt dirigieren. Es bereitet ihnen keine Mühe, Macht auszuüben.
Die Schattenseiten: Feuer-Menschen neigen zu Egoismus und verlieren die Relationen im Umgang mit anderen Menschen. Deren Meinung zählt nur wenig - schon läuft der Alleinherscher, zwar gewarnt, in eine Falle. Ihre Ungeduld, die Neigung zu Intoleranz und blindem Draufgängertum, ihre Rücksichtslosigkeit werden glücklicherweise meist von den Kräften des Tierzeichens im Zaum gehalten. Verstärken sich jedoch die Einflüsse des Elements Feuer und die Energien des Tierzeichens, kann sogar die Gefahr roher Gewaltanwendung bestehen. Feuer-Menschen können sehr destruktiv sein, wenn nichts ihre Energien zügelt.

Wechselwirkungen

Feuer verwandelt alles in Asche, also in Erde. Es beherrscht das Metall. Das Feuer kann Metall schmelzen und schmiedbar machen.

Tellermine: Der Feuer-Hahn

(1897 - 1957 - 2017)

Mit diesem aufbrausenden Hahn ist nicht zu spaßen. Er geht hoch wie eine Tellermine mit hochsensiblen Zünder, wenn man ihm zu nahe tritt. Seine gefährlichste Waffe ist sein loses Mundwerk, das eigentlich waffenscheinpflichtig sein sollte. Einmal in Fahrt, lassen sie kein gutes Haar an ihren Gegnern, diskreditieren sie nach Strich und Faden und hängen ihnen alles Böse an - bis hin zur üblen Nachrede.
Wie andere Hähne kämpft auch der Feuer-Hahn meist um Anerkennung und Erfolg, denn er hält sich für die

geborene Führungskraft. Zwar besitzt er Charisma und ein gewisses Organisationstalent, doch sollte er besser Kandidat bleiben als ein Amt tatsächlich zu bekleiden. Besonders in Krisen hält er an seinen vorgefertigten Lösungen oder erprobten Hausrezepten fest und fährt den Karren damit so manches Mal noch tiefer in den Dreck. Das allerdings stets mit edelsten Motiven. Er will nur Gutes für seine Mitmenschen, und was gut für sie ist, weiß er am besten...

Erde - auf Nummer sicher

Erde-Menschen gelten als intelligent und um Objektivität bemüht. Sie sehen das Leben aus dem praktischen Blickwinkel, tragen gern und zuverlässig Verantwortung und bewältigen sowohl den Alltag als auch Extremsituationen überaus diszipliniert. Ihre ausgezeichnete Befähigung zu logischem Denken nutzen sie konsequent: Sie konzentrieren ihre Energien auf solide Arbeit und verläßliche Projekte. Nein, Spieler sind sie nicht, eher zuverlässige Arbeiter, aber auch perfekte Planer und Organisatoren. Ihr guter Sinn für das Materielle kombiniert mit der Befähigung, Entscheidungen nach gründlichem Abwägen zu treffen, bewahrt sie davor, sich aufs Glatteis zu begeben. Sie wählen lieber den üblichen, sicheren Weg, der dennoch zu guten Ergebnissen führt. Vom Wesen her auf Beständigkeit bedacht, neigen Erde-Menschen nicht zu Übertreibungen, sondern sehen die Dinge ungeschönt und realistisch.

Darin liegt auch die Gefahr dieses elementaren Einflusses: Erde-Menschen müssen sich mangelnden Einfallsreichtum, fehlende Spontaneität und übertriebenes Sicherheitsdenken vorwerfen lassen. Im alltäglichen Umgang bewähren sie sich als berechenbare und zuverlässige Partner.

Wechselwirkungen

Aus der Erde stammen die Erze, aus denen Metall entsteht. Erde zwingt Wasser in eine Bahn, Dämme und Deiche bremsen seine Gewalt.

Beruf Vorbild: Der Erde-Hahn

(1909 - 1969 -2029)

Alles Lockere geht diesem Hahn ab. Er ist der strenge Lehrer und Erzieher, und der Rest der Welt besteht aus dummen, unwissenden kleinen Bösewichten, denen er das Heil in Form von Zucht und Ordnung bringen muß. Er predigt Verzicht und bewußte Selbstkasteiung, denn nur der harte Weg führt seiner Meinung nach ans Ziel. Über seine Mitmenschen urteilt er unerbittlich und mißt sie am einzigen im gesamten Weltall gültigen Maßstab: sich selbst. Humor besitzt er allenfalls in homöopathischen Dosen, und einen Fehler hat er vermutlich zuletzt im Babyalter gemacht - wenn überhaupt. Gemeinerweise hat er mit dieser Haltung auch noch Erfolg und wird nicht nur reich werden, sondern auch noch Macht und Einfluß gewinnen. Zusammengefaßt: Seine Kritiker sehen ihn als selbstgerechten und lustfeindlichen Erzspießer. Kritisch wird es, wenn er tatsächlich Einfluß besitzt: Wo Innovation vonnöten ist, tendiert er zur Restauration. Bleibt zu hoffen, daß ihn sein Weggefährte milder stimmt.

Drei Zehntel vom guten Aussehen
dankt der Mensch der Natur
und sieben Zehntel dem Putz.

DAS WESTLICHE BILD DES HAHNES

Das Outfit

Es ist wie im Hühnerhof: Die Henne kleidet sich dezent und unauffällig, während sich der Hahn herausputzt und mit überflüssiger Dekoration seine Bedeutung zu unterstreichen sucht. Accessoires in diesem Spiel: Schrill gefärbte Maßanzüge, goldene Krawattennadeln, Rolex-Uhren (selten echt), Schals und kuriose Kopfbedeckungen bis hin zum Federhut.

Das Auftreten

Von aufrechter Gestalt, machen Hähne, ob weiblich oder männlich, immer den besten Eindruck. Hennen können unverschämt hübsch, Hähne beeindruckend stolz und bedeutsam aussehen. Besonders männliche Hähne wirken, als hätten sie einen Besenstiel verschluckt.

Das Verkehrsmittel

Hähne gehen in Innenstädten mit Begeisterung zu Fuß, wobei besonders die männlichen Exemplare zum Stolzieren neigen und ihr prächtiges Gefieder zeigen. Hennen transportieren die beachtliche Schar ihrer Küken mit öffentlichen Verkehrsmitteln.

Der konservative ältere Hahn kennt meist nur eine Automarke - die mit dem Stern. Mancher männliche Hahn hat auch aus finanziellen Gründen rustikale Vorlieben und fährt einen Heizöl-Maserati.

Der Techno-Hit des Hahnes: Computer

Hähne beherrschen und nutzen nahezu jedes Rechnersystem. Nur Macintosh-Rechner sind ihnen wegen der simplen Benutzeroberfläche zuwider - mit denen können sogar Kleinkinder umgehen. Ein Computer muß kompliziert sein, sonst macht es dem EDV-Priester Hahn keinen Spaß! Intuitiv - igitt!
Der Computerverstand des Hahnes und die Chips des elektronischen Knechtes sind gemeinsam unschlagbar. Viele Hähne besitzen sogar mehrere Computer und nutzen diese Geräte exzessiv: Sie fertigen Kalkulationen, legen Datenbänke über ihre Nachbarn an, sind *online* mit der Börse verbunden oder zapfen den Wettersatelitten direkt an.

Der Lieblingsfilm

Hähne haben keine Zeit ins Kino zu gehen. Basta. Außerdem ist Fernsehen billiger.

TV - Der Hahn vor der Kiste

Sendungen wie WISO oder "Mark & Pfennig" kommen gut an. Auch nutzen Hähne den Bildschirmtext regelmäßig, denn Informationen sind ihr Ein und Alles. Serien mit Heldenfiguren erfreuen sich guter Einschaltquoten. Besonders solche nach dem Strickmuster "Ein Mann und seine Maschine" wecken Begeisterung.

Das Lieblingsbuch

Vermutlich heißt es "Kurze Zusammenfassung aller DOS-Befehle" oder "Mit dem UNIX-Rechner auf Du und Du". Wie könnte es anders sein? An zweiter Stelle rangiert Goethes "Faust", in dem ein Mann wegen seines Wissendranges unbeschreiblich in den Schlamassel gerät. Als Lektüre anzuraten wäre Hähnen Max Frisch's "Homo Faber".

Jet oder Fahrrad? Das Urlaubsziel

Jet? Fahrrad? Nichts da! Auto! Oder besser noch: Auto mit Wohnanhänger oder Reisemobil. Denn zusätzlich zum Gepäck schleppt der Hahn auch noch all seine Rituale, Regelmäßigkeiten und Angewohnheiten mit. Und seinen Hygienefimmel. Man stelle sich vor: Unterwegs ein fremdes Klo benutzen, dazu noch ein mediterranes oder gar einen noch exotischeren Donnerbalken! Nein, dann schon lieber mit dem Westfalia-Wanderklo reisen! Am liebsten allerdings bleibt der Hahn im Urlaub zu Hause und arbeitet ein bißchen am Computer.

Das Vorbild

Männliche Hähne schätzen auch wegen seiner moralischen Festigkeit Gottes Stellvertreter auf Erden, Papst Paul VI. (26.9.1897), auch "Pillen-Paul" genannt. Hennen mögen Bette Midler (1.12.1945) oder Königin Juliana der Niederlande (30.4.1909)

Wenn die Menschen nur von dem sprächen,
was sie verstehen,
dann würde gar bald ein großes Schweigen
auf der Erde herrschen.

Kräht der Hahn auf dem Mist...

DAS WESEN DES HAHNES

Der erste Eindruck

Besonders sanftere Gemüter sind von seiner selbstsicheren und aufrechten Art beeindruckt und halten ihn bei der ersten Begegnung für einen bedeutenden Menschen. Dieses Bild differenziert sich schnell...

DER CHARAKTER DES HAHNES

Hähne lieben alles Extreme zwischen "supergut" und "absoluter Horror", fahren ihr Leben lang Achterbahn zwischen höchster Begeisterung und tiefster Ablehnung und sind glücklich dabei.

Ihr Optimismus und ihr Selbstvertrauen sind erstaunlich ausgeprägt und korrellieren mit einem ebenso starken Realitätssinn. Die Dinge der greifbaren Welt liegen einem Hahn näher als unbestimmt abstrakte Begrifflichkeiten und übersinnliche Erscheinungen. Geheimnisvolles Dunkel führt bei Hähnen zu Schwindelanfällen. Sind sind, obwohl *yin*-geprägt, Wesen des Tageslichts.

Mit seinem westlichen Äquivalent, der Jungfrau, hat er einiges gemeinsam. Jedoch glänzt die Person des Hahnes durch weit darüber hinausgehende Eigenschaften, welche der Jungfrau keineswegs zugeschrieben werden. Zudem dürfte der Hahn das für andere am schwersten zugängliches chinesische Zeichen sein: Zugleich ein fanatischer Realist und ein trauriger, weil erfolgloser romantischer Held, den aber Rückschläge und Niederlagen nicht aufhalten können.

Der Hahn verkörpert diesen Heroen, wo immer er geht und steht. Aufrecht wie ein Laternenmast tritt er der Welt gegenüber, entschlossen zu rückhaltloser Offenheit, argwöhnisch allem Unbekannten gegenüber und kritisch bis ins Schmerzhafte. Schonungslos geißelt er Mißstände, auch wenn er selbst dabei Schaden nimmt. Auf Persönliches kann ein Hahn im Dienste der Wahrheit keine Rücksicht nehmen, sei es bei sich selbst oder bei anderen. Er geht dabei mit einer Entschiedenheit vor, welche den Betroffenen den Atem raubt und die eine Entgegnung zunächst unmöglich macht.

Sie haben es bereits begriffen: Es ist nicht einfach, es einem Hahn recht zu machen. Er selbst lebt in einer heilen Welt der Ordnung: aufgeräumt, in Fluchtlinien präzise ausgerichtet, organisiert bis ins kleinste Detail. Ein angepaßter Spießbürger, wie man vermuten könnte, ist er jedoch nicht. Er denkt so überzogen linientreu, letztlich so sittenstreng und konservativ, daß es schon wieder richtig freakig und ausgeflippt ist. Seine Wahrheitsliebe zum Beispiel grenzt ans Unglaubliche. In solchen Augenblicken des moralischen Eifers kommt er seinen Mitmenschen wie ein Fossil vor, ein Subjekt aus dem Antiquariat der Geschichte, eine in fernen Tagen geprägte, sympathische Persönlichkeit, die durch einen Zeitsprung in unsere Epoche geraten sein muß.

Womit wir bei den positiven Eigenschaften des Hahnes angekommen sind. Er verfügt über einen beachtlichen persönlichen Magnetismus: Mit Worten, Gesten und Taten zieht er seine Zeitgenossen an und genießt es sehr, im Zentrum ihrer Aufmerksamkeit zu stehen. Die Rolle der Zentralfigur spielt er ausgezeichnet. Er brilliert als ein vorzüglicher Redner, der sein Publikum zu fesseln weiß. Leicht gerät er in öffentlichen Veranstaltungen in die Rolle des spontanen Dozenten, dem das Publikum gern lauscht.

Im Zwiegespräch versteht er es als Gesprächspartner, beschwingte und geistvolle, zugleich unterhaltsame Konversation zu führen. Dabei meidet er kritische Punkte nicht, denn er schätzt die Diskussion und zeichnet sich dabei durch Sachkenntnisse in vielen Gebieten und feste, begründbare Standpunkte aus. Auseinandersetzungen liebt der Hahn, weil sie ihn intellektuell in Form halten. Oft spielt er auch den Advocatus Diaboli - aus reiner Lust am Widerspruch. Wenn sein Gegenüber dieses Spiel versteht und nicht persönlich nimmt, entstehen anregende Fehden.

Gespräche mit einen Hahn bereiten solange Spaß, bis sie gewisse wunde Punkte berühren, Gegenstände, durch die sich der Hahn persönlich betroffen fühlt. Standard-Motive: Umweltproblematik, Geschlechterkrieg, Tempo 100, Pflegeversicherung, Steuergesetzgebung, Ausländerfragen und ähnliches. Wenn eines dieser Lieblingsthemen aufs Tapet kommt, vertritt der Hahn oft erschreckend extreme Standpunkte, tendiert er zum Dozieren und zu fanatischen Ausfällen. Wie ein Maschinengewehr rattert er seine vorgefertigten Argumente herunter und vergißt das Zuhören völlig. Schließlich ist er ja im Recht! An solchen Punkten wird ein Dialog zur blindwütigen Volksrede, und der Hahn verliert seine Zuhörer. Bietet ihm jemand in einem solchen Augenblick noch Paroli, so kann es zu einem Hahnenkampf kommen, bei dem die Federn fliegen. Nachgeben wird der Hahn nicht. Oft geht er als Sieger aus Streitgesprächen hervor, weil er seinen Gegner mit immer neuen verbalen Attacken zermürbt - aber leider nicht überzeugt.

Apropos Überzeugung: Im Grunde bekämpft er mit seinen Tiraden auch die eigenen Zweifel an der Sache, denn so sicher wie er tut, ist er auch wieder nicht. Hier endet seine Wahrheitsliebe, denn das gibt er nicht einmal vor sich selbst zu. Auch bemerkt er nicht, wenn ihn jemand an diesem Punkte durch überzogene Zustimmung manipuliert oder gar bei ihm einschmeichelt, indem er seinen Scharfblick lobt. Zuviel Bestätigung seiner Ansichten führt zudem zu einer latenten Gefahr dieses Zeichens: zum Größenwahn. Kombiniert mit ihrer Vorliebe für verstiegene Verschwörungstheorien ergibt sich besonderer Zündstoff, wenn Hähne in die Politik gehen. Ein weiteres Problem ergibt sich dann aus der seltsamen Detailversessenheit des Hahnes: Zwar kann er einen genialen Gesetzentwurf in kürzester Zeit konzipieren und zur Abstimmungsreife bringen, doch verzettelt er sich gegen Ende der Arbeit häufig so in Detailfragen, daß eine Entscheidung auf den Sankt-Nimmerleinstag verschoben werden muß.

Da Hähne begeisterte Selbstdarsteller sind, gefällt es ihnen gut, einen hohen sozialen Rang oder gar ein öffentliches Amt zu bekleiden. Wobei das Bekleiden wörtlich zu nehmen ist: Hähne schätzen Uniformen, Roben und Dienstgewänder ebenso sehr wie glitzernde Dekoration und blecherne Insignien der Macht: Für ein Bundesverdienstkreuz würde ein Hahn die Welt auf den Kopf stellen. Auch Adelstitel, akademische Würden und Amtsbezeichnungen imponieren Hähnen mächtig. Sie führen alle Doktortitel auf ihrer Visitenkarte, bestehen auf der vollständigen Anrede "Herr Professor Doktor Ückelmeier" und tragen ihre Orden auch auf dem Schlafanzug. Eine öffentliche Preisverleihung versetzt einen Hahn in den Zustand überirdischer Verzückung.

Diese Vorliebe für greifbare Bestätigungen ihres Selbstwerts beruht bei Hähnen auf der latenten Unsicherheit, die trotz allen Protzgebahrens in ihnen steckt. Deshalb reagiert der Hahn auch so positiv auf Zustimmung zu seiner Person - und so aggressiv auf jede Art der Kritik an seinem Tun. Er, der Berufsnörgler, der seine Mitmenschen mit manchmal maßlosen Vorwürfen nervt und Menschen mit kontroversen Meinungen heruntermacht, kann es nicht ertragen, wenn jemand auch nur ein Detail an ihm oder seinem Verhalten bemängelt. In diesselbe Richtung tendiert seine verbissene Rechthaberei - entweder ist er tatsächlich völlig von seiner Weltsicht überzeugt oder es plagen ihn womöglich selber Zweifel, die er sich nicht eingestehen kann...

Zugegeben, keine Grundhaltung, die Freundschaften zur Alltäglichkeit macht. Wer mit einem Hahn zulebt oder befreundet ist, muß auf ständige Auseinandersetzungen gefaßt sei. Wer dazu bereit ist und dem Hahn trotz aller Belastungen ein ehrlicher Gefährte ist, hat einen treuen und zuverlässigen Freund gewonnen, den es jedoch manchmal zu lenken gilt. Hat der Hahn einmal Vertrauen gefaßt, stellt er seine ganze Person und all seine Kraft in den Dienst einer Freundschaft - was nicht immer im Sinne der Sache ist. Lassen Sie einen Hahn nicht für Sie in einer Rechtssache sprechen, und auch einen Nachbarsschaftsstreit wird er schwerlich schlichten. Im Gegenteil: 90% aller Hähne sind in irgendeinen Rechtshändel über zu dicht angebaute Garagen oder überhängende Kirschbaumzweige verwikkelt.

Die chinesischen Aszendenten:

DER EINFLUSS DER GEBURTSSTUNDE

Wie der Aszendent im Sonnen-Horoskop, so nimmt der Weggefährte im chinesischen Horoskop eine wichtige Rolle ein. Auch er wird bestimmt durch die Geburtsstunde. Der Einfluß des Weggefährten auf ein Tierzeichen kann sehr stark und prägend sein. Besonders die aktive oder passive Qualität der Tierzeichen wirkt beim Weggefährten mit und bestimmt, ob ein Mensch seinem Lebenslauf eher erduldend oder handelnd gegenübersteht:

Ratte	aktiv	23.00 Uhr - 1.00 Uhr
Büffel	*passiv*	1.00 Uhr - 3.00 Uhr
Tiger	aktiv	3.00 Uhr - 5.00 Uhr
Katze	*passiv*	5.00 Uhr - 7.00 Uhr
Drache	aktiv	7.00 Uhr - 9.00 Uhr
Schlange	*passiv*	9.00 Uhr - 11.00 Uhr
Pferd	aktiv	11.00 Uhr - 13.00 Uhr
Ziege	*passiv*	13.00 Uhr - 15.00 Uhr
Affe	aktiv	15.00 Uhr - 17.00 Uhr
Hahn	*passiv*	17.00 Uhr - 19.00 Uhr
Hund	aktiv	19.00 Uhr - 21.00 Uhr
Schwein	*passiv*	21.00 Uhr - 23.00 Uhr

Man verirrt sich nie so leicht,
als wenn man glaubt,
den Weg zu wissen.

Auf die Begleitung kommt es an!

DER HAHN UND SEINE WEGGEFÄHRTEN

Geburtsstunde 23.00 Uhr - 1.00 Uhr

Weggefährte Ratte

Dieser Hahn ist weniger großzügig, dafür aber seiner Umwelt freundlicher gesinnt. Die extravaganten Züge seiner Person werden von den Kräften der Ratte im Zaume gehalten. Dieser Hahn ist daher meist kein Volkstribun, sondern hält lieber zu Hause vor Ehepartner und Kindern endlose Gardinenpredigten oder bespitzelt die Nachbarn - so ein bißchen, nur zum Vergnügen. Dennoch ein sympathischer, weil warmherzigerer Hahn.

Geburtsstunde 1.00 Uhr - 3.00 Uhr

Weggefährte Büffel

Ein ruhigerer, deshalb aber keineswegs geistig weniger reger Hahn, der seine Silberlinge zusammenhält und seine Pläne einer strengen Realitätszensur unterzieht. Dieser Hahn besitzt nicht nur den Willen zur Macht, sondern auch das Durchsetzungsvermögen, sie zu erlangen - notfalls auch mit recht rabiaten Mitteln. Wenn er rot sieht, unterstreicht er seine verbalen Attacken hin und wieder auch mit seiner Körperkraft.

Geburtsstunde 3.00 Uhr - 5.00 Uhr

Weggefährte Tiger

Impulsivität und Heißblütigkeit des Tigers treffen auf Ehrgeiz und massives Selbstbewußtsein des Hahnes - wo soll das hinführen? Im Falle des Tiger-Hahns wirkt aber auch die Unschlüssigkeit und Ziellosigkeit der Raubkatze mit und nimmt dem Hahn einiges von seiner Effizienz, was seine Mitmenschen als angenehm empfinden. Auch die Gefühlskälte des Hahnes wird abgeschwächt: Der Tiger-Hahn schnurrt schon mal dankbar, wenn man ihm das Gefieder krault.

Geburtsstunde 5.00 Uhr - 7.00 Uhr

Weggefährte Katze

Dieser ruhige Hahn kräht kaum, und wenn, dann meist nur zögerlich. Seine öffentlichen Auftritten entfallen, und im Umgang mlt seiner Umwelt ist er weder überheblich noch belehrend. Auch kann er seine Erkenntnisse für sich behalten und beglückt erst seine Mitmenschen damit, wenn er alles noch einmal gründlich überdacht hat. Auf die Wünsche und Vorstellungen seiner nächsten Verwandten geht er freundlich und liebevoll ein - Entsagung ist ihm dank der Einwirkung der Katze kein sonderlich hohes Ziel.

Geburtsstunde 7.00 Uhr - 9.00 Uhr

Weggefährte Drache

Die beiden Draufgänger des Tierkreises in einer Person vereint! Alles rennet, rettet, flüchtet, denn ein so unleidliches und angriffslustiges Wesen kann mächtigen Schaden anrichten. Wenn dieser Drache zu Amt und

Würden gelangt, herrscht er nicht nur unbarmherzig über seine Untergebenen, sondern dokumentiert prunksüchtig seinen Status: Staatskarosse, Palast, Harem, Goldschmuck und Kronen - wären es im Mittelalter gewesen. Heute begnügt er sich mit einer Villa im Park und einem Auto der Superluxusklasse. Hähne können sich ja einschränken. Der Harem allerdings heißt Firma und ernährt seinen Hahn...

Geburtsstunde 9.00 Uhr - 11.00 Uhr

Weggefährte Schlange

Ein stiller, dafür aber geheimnisumwitterter Gockel, der lieber im Hintergrund wirkt, statt mitten auf dem Hühnerhof groß herumzukrähen. Er weiß: Die am meisten krakeelen, landen als erste in der Pfanne. Zu dieser Erkenntnis verhilft ihm die Verschlagenheit der Schlange, deren Gift seine Sporen um so gefürchteter werden läßt. Man liebt und fürchtet den Schlangen-Hahn wegen seiner gefährlich ruhigen Ausstrahlung, und nur wer ihn wirklich kennt, kann ihn richtig einschätzen. Er besitzt nämlich durchaus auch die positiven Seiten der Schlange: Lebenslust, Liebenswurdigkeit und Kompromißbereitschaft (diese allerdings recht schwach ausgeprägt).

Geburtsstunde 11.00 Uhr - 13.00 Uhr

Weggefährte Pferd

Eigentlich kann der Hahn durch solch einen Weggefährten nur gewinnen: Zwar nimmt auch seine Dickschädeligkeit zu, und zu seiner Rechthaberei gesellt sich auch noch launisches Verhalten. Sehen wir über diese Fehler hinweg! Der Einfluß des Pferdes macht den Hahn nämlich auch toleranter, warmherziger und sexuell attraktiver. Er kann es brauchen! Dieser Hahn kann sich auf für eine Angelegenheit erwärmen, weil sie eine menschliche Seite hat und nicht nur, weil er seine Meinung durchsetzen will. Er gewinnt dadurch an Menschlichkeit und Überzeugungskraft. Einem Sturkopf hört niemand gern zu, einem enthusiastischen Kämpfer für eine gute Sache schon.

Geburtsstunde 13.00 Uhr - 15.00 Uhr

Weggefährte Ziege

Der einzige Weggefährte, der das sture und ichbezogene Wesen des Hahnes wirklich brechen kann, ist die Ziege. Weder nervt der Ziegen-Hahn mit Überheblichkeit noch drängt er jemanden seine Meinung auf. Zurückhaltend wartet er ab, bis sich eine gute Gelegenheit ergibt. Mit den ängstlichen und bequemen Seiten seiner Person hat der Ziegen-Hahn zu kämpfen. Er mag sich nur ungern Muße zugestehen, doch die Ziege in ihm liebt das süße Nichtstun. Auch Luxus und Verschwendung sind nicht unbedingt Lebensinhalt eines Hahnes. Rätselnd steht er vor diesen seltsamen Wünschen und fragt sich, wie sich ein Asket auf dem Lotterbett macht...

Geburtsstunde 15.00 Uhr - 17.00 Uhr

Weggefährte Affe

Der Affen-Hahn gewinnt an Humor - aber auch an übersteigerter Skrupellosigkeit und Hinterlist. Dieser Hahn kann mit allen Mitteln für seinen Erfolg kämpfen, wobei er zu den illegalen neigt, wenn seine gesetzestreuen Möglichkeiten ausgeschöpft sind. Er kann jedermann alles verkaufen und nahezu jeden Menschen für sich gewinnen, wenn er die Kräfte beider Zeichen vereinen kann. Manchmal spielt der lustige Affe dem viel zu ernsten Hahn einen Streich, so daß er über sich selbst lachen muß...

Geburtsstunde 17.00 Uhr - 19.00 Uhr

Weggefährte Hahn

Stillgestanden! Alles in Reih und Glied! Oha - im Hause dieses Hahnes treten sogar die Küchenschaben zum Morgenappell an, während der Doppel-Hahn vor dem Spiegel und sich selber strammsteht. Nichts kann er unordentlich oder auch nur ungeprüft lassen. Überall muß er sich einmischen und in jeden Topf seine Nase stecken. Vermutlich ist er von Beruf Detektiv oder Spion oder Beamter bei der Steuerfahndung. Hin und wieder flippt er völlig aus, beginnt die Pflastersteine auf dem Gehweg zu numerieren oder veranstaltet Menschenzählungen in der Fußgängerzone, um eine Abgassteuer für Fußgänger durchzusetzen. Entweder ist er ein verrückter Forscher oder ein forschender Verrückter oder beides.

Geburtsstunde 19.00 Uhr - 21.00 Uhr

Weggefährte Hund

Der Hunde-Hahn setzt die verbalen Energien des Hahnes für sein soziale Engagement ein und geht sparsamer mit Kritik und Nörgeleien um als andere chinesische Gockel. Er kann aber ungeheuer bissig reagieren, wenn jemand seinen gerechten Anliegen schaden will. Im alltäglichen Umgang ist der Hunde-Hahn erträglicher als viele andere Hähne, was ihm einen großen

Freundeskreis beschert, der meistens aus seinen Mitstreitern in der Bürgerinitiative oder der Umweltgruppe besteht.

Geburtsstunde 21.00 Uhr - 23.00 Uhr

Weggefährte Schwein

Asketen, die mit der vollen Kraft der Lust konfrontiert werden, verlieren den Spaß an der Entsagung. So jedenfalls geht es dem Schweine-Hahn, der ein ausgesprochener Lebemann und kein Kostverächter ist. Das Schwein profitiert von der geistigen Aktivität des Hahnes, der durch den schweinischen Einfluß an Härte verliert, aber an Ehrlichkeit, Hilfsbereitschaft und an Eitelkeit gewinnt: Ein netter, aufgeputzter Gockelhahn und Partylöwe, der sich auf dem Parkett der Öffentlichkeit ebenso sauwohl fühlt wie nachher auf den Seidenlaken, wird seinen Mitmenschen eben weniger auf die Nerven gehen.

Drei Arten von Menschen gibt es,
mit denen es gut ist, Umgang zu pflegen:
Die innerlich Starken,
die Aufrichtigen und die,
welche viel gelernt haben.

Da kräht kein Hahn nach...

DER HAHN UND SEINE MITMENSCHEN

Das Verhältnis des Hahnes zu seinen Zeitgenossen ist gespalten: Einerseits braucht er sie, denn ohne Publikum, das seinen dozierenden Ausführungen lauscht und ohne Anerkennung seiner Leistungen verkümmert er. Andererseits stört in dieser eigenwillige, ständig herumwuselnde und sich jeder ernsthaften Ordnung entziehende Haufen namens Menschheit mächtig. Zum Glück gibt es eine kleine Schar Getreuer, auf die er sich verlassen kann und, wenn er Glück hat, einen Partner, der ihn liebt - trotz seiner nervösen, dogmatischen und verbohrten Art. Schlummert unter der rauhen Schale eine weiche Birne... äh, ein weicher Kern?

Verklemmter Experte

DER HAHN UND DIE LIEBE

Mit der Erotik hat der Hahn seine Probleme. Da er große Schwierigkeiten bei der Wahl seiner Partner hat und die meisten durch das Gitter seiner kritischen Auswahlkriterien fallen, ist er in Kontaktfragen nicht eben Experte. Selbst wenn eine gewisse Anziehung besteht, läuft der Hahn oft Gefahr, diesen Anfang in stundenlanger Diskussion zu zerreden.Zwar beherrscht er alle Belange des Liebeslebens in der Theorie perfekt (er besitzt zumindest dreißig Ratgeber zu diesem Thema), mit der Praxis hat er jedoch seine Schwierigkeiten. Einmal behindern ihn seine überkommenen konservativen Moralbegriffe, was ihn auch oft von der offenen männlichen Liebesbeziehung Hahn - Hahn abhält. Doch auch zu Fragen, die Hahn und Henne betreffen, hat er oft erstaunlich antiquierte Ansichten. Immerhin weiß er, woher die Eier kommen...

Kalter Tee und kalter Reis mögen noch angehen,
aber kalte Worte sind nicht zum Ausstehen.

Beziehungskisten

DER HAHN UND SEINE PARTNER

Die zwölf möglichen Kombinationen

Nörgeln im Duett: Hahn - Ratte

Nur Hähne können die manchmal nörglerische Ratte übertreffen und an ihrem Partner mit analytischem Verstand derart viele Fehler finden, daß die Ratte erbost das Weite sucht. Denn eines können Hähne nicht: Ihre Erkenntnisse für sich behalten. Die Ratte reagiert mit Kränkung und Ablehnung und nörgelt zurück: Mit einem derartig verstandesbetonten und überkritischen Wesen wie dem Hahn will die Ratte nichts zu schaffen haben! Auch geht ihr die dogmatische Weltsicht des Hahns gegen den Strich. Entscheidend jedoch ist das Manko an Gefühlen - aus der Sicht der Ratte. In der kalten Verstandeswelt des Hahnes ist für sie kein Platz. Der Hahn wiederum fühlt sich in der Gefühlswelt der

Ratte nicht zurecht. Keine Aussicht auf Dauer und Beständigkeit! Außerdem rappelt es ständig im Karton...
Das Kritiker-Paar: Bette Midler (Hahn) und Ivan Lendl (Ratte)

Traumpaar: Hahn - Büffel

Dieses doppelkopf-gesteuerte Paar findet gemeinsam Glück und Erfüllung. Zwar ist der Hahn für den Büffel ein winziges bißchen zu sehr nach außen orientiert und auf Wirkung bedacht, doch bewundert er ihn deshalb insgeheim. Besonders um seine brillante Fähigkeit zur Konversation beneidet ihn der Büffel. Der Hahn wiederum sieht im Büffel den ruhenden Punkt, der seinem Leben manchmal fehlt. Eigenartig auch, daß sich diese beiden Verstandeswesen auch auf emotionaler Ebene begegnen.
Das ideale Gespann: Melanie Griffith (Hahn) und Erzbischof Makarios (Büffel)

Megaflop: Hahn - Tiger

Man sollte annehmen, daß diese beiden dynamischen Zeichen sich hervorragend ergänzen. Doch was beim Tiger mit dem Weggefährten Hahn in einer Person bestens funktioniert, stößt bei der Paarbildung auf massivste Probleme. Der wache Verstand des Hahnes sieht das Benehmen des Tigers mit viel zu kritischen Augen, als daß er es einfach so hinnehmen könnte. Schließlich durchschaut er ja die Fassade und weiß, welche Absichten dahinterstecken. Wie auch bei anderen Zeichen, versucht der Hahn, den Tiger in seine Richtung zu lenken und zumindest zu beeinflussen, was dieser als Mißbilligung seiner Person begreift. Auch empfin-

det der Tiger die anspruchslose Art des Hahnes als aufgesetzt und würde lieber mit einem Zeichen leben, daß wie er die lustvolle Verschwendung auf seine Fahnen geschrieben hat. Auch mag der Tiger die durchdachten Strategien des Hahnes nicht, weil diese ihn in seiner Spontaneität einschränken.
Voll auf Konfrontation: Peter Ustinov (Hahn) und Tina Turner (Tiger)

Da rappelt's im Karton: Hahn - Katze

Noch eine Verbindung, von der die Katze besser die Pfoten lassen sollte: Der Hahn wird die Katze für ein passives, gefühlduselndes Bündel Hilflosigkeit halten, denn er, der dynamische und scharfsinnige Kraftprotz, versteht die grüblerischen Rückzüge der Katze nicht. Seine Eitelkeit und und die ständigen verletzenden Mäkeleien des Hahnes werden das Hauptproblem der Katze sein: Ihr ist dieses Macho-Federvieh zu laut, zu eingebildet, zu habgierig und zu zynisch.
Scheidung besser vor der Ehe: Prinz Philipp (Hahn) und Gina Lollobridgida (Katze)

Konkubinat oder Konkurrenz: Hahn - Drache

Die Chancen für eine verständnisvolle und dauerhafte Verbindung stehen gut: Unter bestimmten Voraussetzungen kann alles in Butter sein, nämlich dann, wenn klar ist, wer von beiden wo das Sagen hat. Dann stehen Zufriedenheit und gemeinsames Wohlergehen ins Haus. Konflikte verlaufen jedoch nach einer Art Kettenreaktion: Die scharfe Zunge des Hahns ist eine Waffe, gegen die der Drache die volle Wucht seines Egos einsetzen muß. Kritisch wird es auch, wenn Drache und

Hahn in intellektuellen Wettstreit geraten: Der Kampf zwischen ebenbürtigen Gegnern kann Jahrzehnte dauern, ohne daß eine Entscheidung fällt.
Eiertanz: Katherine Hepburn (Hahn) und Friedrich Nietzsche (Drache)

Traumpaar mit Köpfchen: Hahn - Schlange

Der Hahn blickt den Tatsachen ins Auge: Die Schlange tritt dem Leben ernsthaft und voller Gedankenschwere gegenüber. Doch gerade das findet er, der heitere Intellektuelle unter Chinas Tierzeichen, anziehend und bewundernswert. Denn im Grunde seines Herzens meint auch er ernst, was er in Sarkasmus oder Satire kleidet. Die Schlange wiederum mag es an ihrem Hahnen-Partner, daß er sie hin und wieder von einer ihrer tiefen, grüblerischen Höhlenreisen zurückholt in seine ausgelassene Welt.
Kopfball-Team: Jean Paul Belmondo (Hahn) und Grace Kelly (Schlange)

Hin und wieder Zufallstreffer: Hahn - Pferd

Erstaunlich, aber wahr: Hin und wieder hält diese Verbindung. Und das, obwohl der Hahn nach Lust und Laune über die Schaumschlägereien des Pferdes herzieht und ihm jedes seiner Luftschlösser miesmacht. Dem überstarken Ego des Pferdes kann er dadurch keinen Schaden zufügen, und trotz aller Kritik ist es letztlich immer der Hahn, der die liegengebliebene Arbeit des Pferdes in Haus und Hof zuendeführt. Das Pferd belohnt den Hahn mit überschwenglicher Dankbarkeit - eine Münze, auf die der Hahn gar nicht herausgeben kann.

Zwischen Kritik und Dankbarkeit: Harrison Ford (Pferd) und Joan Collins (Denver-Clan-Henne)

Hahnenkampf: Hahn - Ziege

Sie stellt alles dar, was er haßt: Während er die harten Fakten betrachtet, klar analysierend und verstandesgesteuert durchs Leben gehen will, schwelgt die Ziege in Gefühlsorgien, verschwendet ihre Zeit oder schlimmer noch, badet in Champagner. Das kann ein Hahn nicht tolerieren! Schnell gehen der Ziege die ständigen Vorhaltungen des Hahnes gegen den Strich, und sie zieht sich schmollend aus einer Verbindung zurück, die ohnehin nie eine echte Basis hatte.
Allenfalls ein Fehltritt: Cathérine Deneuve (Ziege) und Bernhard Grzimek (Hahn)

Stimmt die Hackordnung? Hahn - Affe

Wer ist der Boß? Während der Hahn den Kontroletti mimt, praktiziert der Affe provokant antiautoritäre Erziehung. Beide wissen, was sie wollen, aber selbst wenn es das gleiche wäre, wäre es noch lange nicht dasselbe. Da fliegen Fellfetzen und Federn, und bis die beiden geklärt haben, wer der Boß im Hühnerhof oder

der Anführer im Affenstall ist, ist diese Verbindung längst wieder auseinandergegangen.
Beispiel: Bette Midler (Henne) und Theodor Heuss (Affe)

Hackordnung im Hühnerhof: Hahn - Hahn

Zwei Hähne - das ist ein Hahn zuviel. Zwei Moralapostel und rechthaberische Weltverbesserer unter einem Dach - das muß Zoff geben. Schon am Morgen streiten sie sich um die Temperatur des Frühstückskaffees, und spätestens bei der Lektüre der Morgenzeitung beginnen sie die Schützengräben auszuheben. Zwar besäßen beide das Potential an Disziplin, um die Sache names Ehe in Ruhe abzuwickeln, doch will meist keiner von beiden der Erste sein. Weisheit vom Hühnerhof: Nichts provoziert einen Hahn mehr als ein anderer Hahn. Nur wenn der UN-Sicherheitsrat Blauhelme schickt, herrscht Frieden - vielleicht...
Da fliegen die Federn: Eric Clapton und Priscilla Presley (beide Hähne)

Nur für Masochisten: Hahn - Hund

Es ist nicht einfach, einen Hahn zu lieben - das bemerkt auch der altruistisch denkende Hund nach der kurzen Zeit des ersten Liebesrausches. Das Federvieh macht es dem Vierbeiner mit ständigen Vorhaltungen und Belehrungen nicht leicht, und auf die Nörgel-Orgien des Hahnes gibt der Hund mit gleicher Münze heraus. Da beide ausgezeichnete Kämpfer sind, haben sie ständig damit zu tun, ihre seelischen Wunden zu pflegen. Dabei allerdings gehen sich beide hilfreich zur Hand. Wer's mag...
Dauerclinch: Peter Ustinov (Hahn) und Cher (Hund)

Gockel im Saustall: Hahn - Schwein

Im Bett findet der konservative Hahn das Schwein ebenso schweinisch wie seine Manieren bei Tisch. Wie man nur so ungehemmt so primitiven Lüsten frönen kann! Auch kann das gedanklich simple Schwein intellektuell nicht Sparringspartner des Gehirnweltmeisters Hahn sein. Das praktisch veranlagte Schwein hingegen haßt es, wenn sich das aufgeplusterte Federvieh in jede Kleinigkeit des Alltags einmischen muß und ständig Haare spaltet. Eine Weile schaut es geduldig zu, aber dann setzt es den Gockel an die Luft. Der atmet begeistert auf, denn für ihn und seine Ordnungsbegriffe war die Zeit mit dem grunzenden Borstenvieh der reinste Saustall...
Jedem seinen Stall: Goldie Hawn (Hahn) und Arnold Schwarzenegger (Schwein)

Bei Feldfrüchten hält man
die des Nachbarn für die besten,
bei Kindern die eigenen.

Mami, Papi und die lieben Kleinen

Alles für die Familie!

Hähne sind Familienmenschen. Sie mögen es, von Menschen umgeben zu sein, deren Hochachtung ihnen sicher ist, und eine Schar von Kindern, die Mami und Papi anhimmeln, eignet sich hierzu bestens. Deshalb brüten sie unentwegt, wobei man sie auf keinen Fall stören sollte. Zudem bereitet es Hähnen Vergnügen, den Alltag einer Familie perfekt zu managen. Mutter Hahn, die herzensgute Henne also, wäscht,

kocht und organisiert mit einer Begeisterung, die ihresgleichen sucht. Sie hetzt durch Geschäfte und über Baby-Flohmärkte, um für ihre Kleinen immer das Beste und Billigste bereitzuhalten. Vater Hahn sorgt materiell bestens für seinen Anhang, bemüht sich darum, ihm leuchtendes Vorbild zu sein, und beide erziehen ihre Kinder mit einer gewissen Strenge. Abends wiegt der stolze Vater sie mit spannenden Heldengeschichten in den Schlaf. Hauptrolle: Er selbst. In alternativen Familien vertauschen beide die Rollen: Die Henne kräht im Berufsleben, während der Hahn zu Hause auf den Eiern brütet oder die Küken spazierenführt.
Apropos Schlaf: Ein Tip für Eltern, deren Hahnen-Baby sie morgens mit anhaltendem Geschrei weckt: Hähne sind so - bei Sonnenaufgang müssen sie einfach krähen!

Der Fehler liegt in der Eile.

Bis zum Umfallen...

DIE GESUNDHEIT DES HAHNES

Hähne besitzen - so seltsam dies klingt - eine Bärengesundheit. Es bedarf schon einiger Anstrengung, einem solch stabilen und widerstandsfähigen Körper Schaden zuzufügen. Doch Hähne schaffen es.

Krisenpunkt Nr. 1: Streß, dessen Ursache der Charakter des Hahnes ist. Ein Angehöriger eines anderen Zeichens würde einen durchschnittlichen Hahnen-Tag vermutlich nicht überleben. Termindruck, Verlustängste, Chaos mit guten Freunden und Hektik mit alten Feinden - dazu das ganz alltägliche Arbeitsaufkommen. Unglaublich, was der Hahn so alles abwikkelt. Für Krankheit oder auch nur körperliche Symptome hat er überhaupt keine Zeit. Sollten solche Erscheinungen auftreten, so ignoriert sie der Hahn. Kopfschmerzen? Da muß er durch! Leberstechen? Na, denn Prost! Migräne? Schwindelgefühle? Na und?

Die Folge: Wenn ein Hahn endlich zum Arzt geht, ist es bereits fünf vor Zwölf - wenn er Glück hat und zu den vernünftigen Hähnen gehört. Die meisten erreichen die Arztpraxis erst kurz vor dem Abendläuten - wenn Sie wissen, was ich meine...

Die häufigsten Gesundheitsprobleme des Hahnes betreffen den Kopfbereich. Schnupfen infektiöser und allergischer Art, Kopf- und Zahnschmerzen und Ohrenerkrankungen (Kann er deshalb so schlecht zuhören?) plagen ihn wie kein anderes Zeichen. Dazu kommen psychische Probleme, denn ein so massives Maß an

Aggression, wie es der Hahn besitzt, muß verarbeitet werden. Doch auch hier schiebt der Hahn zumeist Zeitgründe vor, um sich vor nötiger Initiative zu drükken.

Gesundheitsfördernd: der Hang des Hahns zur Askese. Er ernährt sich karg, ißt wenig Fett und Zucker und nimmt einen Großteil seiner Energie über Kohlehydrate auf (Körner?). Über die Stränge schlägt er nur bei festlichen Anlässen. Deshalb wird er meist sein Leben lang rank und schlank bleiben und sich Kreislaufprobleme und Ernährungskrankheiten ersparen.

Hähne können ein hohes Alter erreichen, wenn sie ein wenig Rücksicht auf ihren Körper nehmen. Zum Sterben haben sie sowieso keine Zeit - der durchschnittliche Hahn fällt eines Tages einfach tot um.

Die Gesundheitstips für Hähne:

1. Auf die Bremse treten! Sie müssen nicht alles regeln!
2. Es gibt Ärzte! Ignorieren Sie diesen Berufsstand nicht!
3. Suchen Sie sich auch einen guten Psychiater oder Pfarrer oder Guru! Auch Ihre Seele braucht Pflege!

Jeden Tag ein Fluch
erhöht das Glück
und die Lebensdauer.

Alles in bester Ordnung

WIE DER HAHN AM BESTEN SEIN GLÜCK FINDET

So sehr er die Öffentlichkeit und das Publikum sucht: Am glücklichsten ist der Hahn in einem fest umrissenen Umfeld, in dem seine Werte gelten oder, besser noch, er das Sagen hat. Er kann sich in ein allgemein gültiges Regelsystem einordnen, wenn er dieses für richtig erachtet. Muß er sich einer ungeliebten Machtstruktur unterwerfen, so wird er leiden und darum kämpfen, es zu ändern. Gelingt ihm dies, so ist sein Glück wieder vollkommen.

Zu wissen, wie man etwas macht,
ist nicht schwer.
Schwer ist nur,
es zu machen.

Hamster im Rad

WAS DEM HAHN DEN WEG ZUM GLÜCK VERSPERRT

Hähne verlieren leicht das Maß. In ihrer Selbstüberschätzung und von Ehrgeiz getrieben, halten sie alles für machbar. Kranken aber ihre Vorhaben an fehlendem Bezug zur Realität oder sind sie einfach eine Nummer zu groß für die Person namens Hahn, so stolpert der Hahn in eine Falle: Er findet keinen gangbaren Ausweg wie der Hamster im Rad. Viele Hähne würden sich nie eingestehen, daß sie sich in ihrer Einschätzung geirrt haben und sich für lange Zeit aussichtslos abschuften. Gestehen Sie sich Fehleinschätzungen rechtzeitig ein, lieber Hahn. Man wird sich doch mal irren dürfen!

Gedenke der Quelle,
wenn du trinkst!

Zwischen Krösus und Dagobert Duck

Hähne und das Geld

In Gelddingen schwimmen Hähne förmlich in ihrem Element, dem Metall. Sie lieben es nicht als Wert an sich, sondern sehen es als die Materie an, mit deren Hilfe sie ihre Ordnungssysteme in die Reaität umsetzen können. Hähne schwelgen in finanziellen Transaktionen, sind ganz verliebt in Warentermingeschäfte, träumen nachts von Zinssätzen und gehen mit Geld um wie der Papst mit dem Seelenheil. Kein Wunder, daß sie in Geldberufen erfolgreich sind, denn zu ihrem Geschick für diese Angelegenheiten kommt noch ihre unbedingte Loyalität. Leicht einzusehen, daß es Hähnen finanziell meist gutgeht.

Ihr Umgang mit Geld ist durch und durch professionell. Leistungen ohne Entgelt sind für Hähne wenig wert - von nichts kommt nichts. Sie gestehen anderen angemessene Honorierung zu, verlangen eine solche aber auch für sich selbst.

Verschwenderisch werden Hähne nur, wenn ihr Selbstbewußtsein Schaden zu nehmen droht: Manchmal kompensieren sie Frustrationen durch ein Geschenk an sich selbst - ein Sonderangebot von Tchibo oder eine gute Flasche Wein aus dem Aldi-Markt... Tief in die Tasche greifen schwache Hähne, wenn sie sich Anerkennung und Bewunderung erkaufen wollen. Aber haben Sie schon einmal einen schwächlichen Hahn gesehen?

Wer gut verdient,
strengt sich nicht an.
Wer sich anstrengt,
verdient nicht gut.

Wovon Arbeitgeber träumen...

Hähne im Beruf

Hähne sind gesuchte Arbeitskräfte. Sie gelten als anstellig, ehrgeizig, arbeitsam und - sonst selten genug - ordnen sich perfekt unter. Wenn der Chef ihnen zusagt. Hinzu kommt, daß sie durch ihr aufrechtes, selbstsicheres Auftreten eine Firma auch nach außen hin zu repräsentieren wissen. In der Geschäftskorrespondenz pflegt der Hahn einen geschliffenen Briefstil, und er kann sich auch in Verhandlungen klar und bestimmt ausdrücken. Zu bestimmt manchmal, denn sein einziger Fauxpas in diesem Arbeitsbereich ist die fehlende diplomatische Begabung.

Probleme hat der Hahn mit der Arbeitszeit. Wenn er um 17.00 Uhr Feierabend hat, besteht er auf seinem Recht. Schließlich stand er ja auch um 9.00 Uhr pünktlich auf die Sekunde zur Verfügung. Selbst Über-Minuten will er bezahlt sehen, was manchem Chef Bauchschmerzen bereitet.

Apropos Chef: Auch die Macke von Hahnen-Chefs betrifft meist das Zeitmanagement. Sie tragen elektronische Time-Manager und gigantische Filofaxe mit sich herum und bestehen auf genauester Terminplanung. Menschen, die dreißig Sekunden zu spät erscheinen, ordnen sie unter "Chaoten" ein.

Unlust äußert der Gockel oder er leistet gar passiven Widerstand, wenn seine Arbeit nicht gewürdigt wird und ihm Wege zum Aufstieg verwehrt werden. Der Hahn will nach oben, und das um den Preis harten Arbeitseinsatzes. In solch einer Situationen wird ein Hahn auch schon einmal ausfallend seinem Chef gegenüber und äußert seinen Unmut über die Zurücksetzung deutlich.

In Panik geraten Hähne im Beruf, wenn ihnen die Arbeit ausgeht. Arbeitsplätze mit langen Wartezeiten sind ihnen ebenso unangenehm wie solche mit saisonalen Arbeitsschüben. Konstante und kontinuierliche Tätigkeit gefällt ihnen am besten. Arbeitspausen bringen sie aus dem Takt.

Gut sind Hähne in Dienstleistungsberufen aufgehoben. Sie erledigen auch schwierige Aufträge zur Zufriedenheit aller, wenn der Hahn weiß, was zu tun ist. Routine schreckt ihn nicht, eher mangelnde Organisation: Wenn ein Werkzeug fehlt oder ihm das Arbeitsmaterial ausgeht, läßt er alles stehen und liegen und schimpft auf die haarsträubende Mißwirtschaft. Auch mit "kann"-Bestimmungen weiß er nicht gut umzugehen. Eindeutige Anordnungen sind ihm sichtlich lieber.

Geldberufe liegen dem Hahn ebenso gut wie technische Berufe mit Präzisionsanspruch. Vom Dreher bis zum EDV-Ingenieur stehen Hähne ihren Vogel. Weitere Arbeitsgebiete, in denen die Akribie, die forschende Intelligenz und das Pflichtbewußtsein des Hahnes gefragt sind: Kriminalbeamter, Detektiv, Meinungsforscher, Fahrplan-Experte bei der Bundesbahn oder Industriespion. Weniger intelligente Hähne (selten!) werden Hausmeister oder Haarspalter in der Perückenfabrik.

Übrigens: Manche Hähne arbeiten überhaupt nicht für Geld. Sie verwalten ein ererbtes Vermögen und leben gut dabei. Zum Ausgleich setzen sie sich massiv an anderer Stelle ein, z.B. bei Hilfsorganisationen oder in der Umweltbewegung. Hier sind besonders begüterte Hennen zu finden.

Berufliche Schattenseiten des Hahnes: Diese Vögel können - auch in ihrer weiblichen Erscheinungsform - ganze Belegschaften mit ihren Vorträgen in der Mittagspause in den Wahnsinn treiben. Gegenmittel: Ein massives "Schnauze!" Keine Angst, Hähne und Hennen sind nicht nachtragend.

Kritisch für Mitarbeiter wird es auch, wenn ein Hahn allzu unentbehrlich wird. Nicht daß er an Arbeitseifer oder Zuverlässigkeit nachließe. Nein, er feiert sich und seine Leistungen nur täglich so dreist und unverschämt, daß jedermann die Ohren davon klingen. Holen Sie ihn auf den Boden der Tatsachen zurück, lieber Chef, indem sie einen befähigten, innerbetrieblichen Konkurrenten einstellen. Ein ausgezeichnetes Beruhigungsmittel für Hähne!

Wissen ist ein Schatz,
der seinen Besitzer
überallhin begleitet.

Ost und West im Alltagstest

KANN DER HAHN MIT DEM ZWILLING?

Wie wirken die Zeichen des chinesischen Mondkalenders mit den Tierkreiszeichen unseres Sonnenhoroskops zusammen? Was, wenn sich Hahn und Widder in einer Person vereinen? Die zwölf möglichen Kombinationen für das chinesische Zeichen Hahn:

Schwarz oder Weiss: Der Widder-Hahn

Es ist eine Sache der Einstellung: Wenn der Widder-Hahn einem Projekt bejahend gegenübersteht, betreibt er es mit ungeheurer Energie und - untypisch für den Widder - enormem Durchhaltevermögen sowie unvergleichlicher Präzision. Genauso rückhaltlos reagiert er, wenn er etwas negativ einschätzt: absolut ablehnend und destruktiv wie ein Wirbelsturm. Dieser Mensch ist immer unverblümt und ehrlich.

Stark, aber geschwätzig: Der Stier-Hahn

Wenn es sich nicht um einen Erd-Hahn handelt, wird die Verbindung Stier - Hahn einen Menschen hervorbringen, der über große Energiereserven verfügt. Er arbeitet auch dann noch unermüdlich weiter, wenn Menschen anderer Zeichen längst den Löffel abgegeben haben. Manche seiner Mitmenschen finden es entnervend, daß er sich und andere ständig mit Durchhalteparolen oder Geschichten aus seiner frühen Jugend bei Laune halten muß. Auch kommen seine staubtrockenen Scherze nicht überall an. Man muß schon Stier-Hahn sein, um sie lustig zu finden.

Verbale Katastrophe: Der Zwillings-Hahn

Sein Mitteilungsbedürfnis grenzt an ein Naturwunder: Sein sekündlicher Durchsatz an Worten übertrifft den Literschnitt der Niagara-Fälle deutlich. Auch seine Neugierde erreicht internationales Niveau. Ebenso sein Darstellungsdrang - was dieser Hahn in der Öffentlichkeit an Kleidung und Accessoires trägt, wird anderswo in der Geisterbahn verwendet. Die zwiespältige Person des Zwillings schwächt das übermäßige Selbstbewußtsein des Hahnes auf ein erträgliches Maß ab. Dieser Hahn kennt auch Selbstzweifel und reagiert daher mehr als empfindlich, wenn jemand seine Meinungen in Frage stellt.

Hausphilosoph: Der Krebs-Hahn

Dieser unauffällige, aber geschmackvolle Hahn besitzt - man höre und staune - ein Gefühlsleben. Je nach Stärke des Krebs-Einflusses kann er mit seiner Umwelt empfinden - von "erheitert" über "mäßig interessiert" bis "tief mitleidend". Häufig bekommt er altruistische

Ausbrüche, wenn er die Nachrichten im Fernsehen verfolgt, doch dieser Anfall geht schnell vorbei oder schlägt in aggressive Ablehnung um. Seine rhetorische Begabung lebt er zu Hause aus und nervt Familienfeiern mit stundenlangen Reden über Gott und die Welt, denn er weiß, wie der Kosmos funktioniert, auch wenn er selten einen Fuß vor die Tür setzt.

Zum Herrschen geboren: Der Löwen-Hahn

Beim durchschnittlichen Löwen klafft zwischen Herrschaftsanspruch und tatsächlicher Befähigung immer eine gewisse Lücke. Der Löwen-Hahn hingegen bringt alles mit, was ein echter Regent braucht: Charisma, einen ausgeprägten Sinn für Macht und genügend Intelligenz und Genauigkeit, um die Staatsgeschäfte zu führen. Dieser Mensch will nach oben, und da Hähne zu Selbstüberschätzung neigen, halten sie sich oft für den legitimen Thronfolger. In der Wahl ihrer Mittel sind sie nicht eben zimperlich. Aber Vorsicht! Wo Despoten wirken, lauern auch Attentäter!

Musterknabe: Der Jungfrau-Hahn

Seinen Scheitel zieht er mit dem Laserstrahl, sein Heim gleicht einem Hochpräzisionslabor. Er denkt und handelt wie ein Computer und verfügt über cerebrale Datenbänke, hinter denen die *Factbooks* der CIA zu Informationen für den Kindergarten verblassen. Er hat noch nie etwas Illegales getan und ist natürlich mit 30 noch Jungfrau. Ständig nervt er mit Belehrungen und Bekehrungen, und wenn er noch Freunde hat, dann nur, weil er auch im finanziellen Bereich erfolgreich ist. Seine Börsentips sind bares Geld wert, und wenn er in ein Geschäft einsteigt, tut man gut daran, ihm zu folgen.

Heiter bis erträglich: Der Waage-Hahn

Der Hang des Hahnes, sich zu streiten, wird vom übersteigerten Harmoniebedürfnis der Waage stark geschwächt. Dieser Hahn muß nicht wo er geht und steht widersprechen, sondern kann sich auch einmal in ein Großes-Ganzes einfügen. Allerdings steht er seinen eigenen Wesenszügen kritisch gegenüber (besonders dem Hang nach Luxus und Bequemlichkeit) und versucht ständig, an sich und seinem Charakter zu arbeiten. Der kreative Charakterzug der Waage nimmt durch das Genauigkeitsbedürfnis des Hahnes eine merkwürdige Richtung. Vielleicht ist dieser Mensch ein brillanter Kunstkritiker.

Grausige Tiefen: Der Skorpion-Hahn

Noch eine gespaltene Person: Der oberflächliche Hahn traut sich kaum, in die seelischen Abgründe seiner Skorpionseele zu sehen, denn der Anblick, der sich ihm böte, könnte ihn schwindeln machen. Auch mit den finsteren Methoden des Skorpions, an Einfluß zu kommen, kann der Hahn nicht immer konform gehen. Sollte der Hahn dominieren, wird der Skorpion seinen schwarzen Energien in kreativer Tätigkeit Ausdruck verleihen. Vielleicht schreibt dieser Hahn Horrorromane? Ist der Skorpion stärken, müssen sich seine Mitmenschen hüten: Vielleicht steht ein genialer Straftäter vor ihnen, der das perfekte Verbrechen plant.

In die Zwölf: Der Schütze-Hahn

Dieser ebenso mutige und tatkräftige wie rechthaberische Hahn, der aber nie taktiert oder mit seiner Meinung hinter dem Berg hält, kann mit seiner Offenheit erheblichen Ärger verursachen. Seine Auslassungen treffen schützetypisch meist den Kern der Sache - mit tödicher Präzision. Blattschuß - und aus! Der Umgang mit ihm ist nur etwas für Menschen, die sich nichts vormachen.

Durchschnitts-Gockel: Der Steinbock-Hahn

Er ist nicht nur ordentlich gekleidet, sondern denkt auch in bewährten Systemen und wird nie eine illegale Abfahrt von der bequemen Autobahn der Normalität wagen, um ein Abenteuer zu erleben. Vermutlich ist er Beamter, denn ein Mensch wie er schwimmt in Erlassen und Verordnungen wie eine Nudel in der Suppe. Geregelte Abläufe sind sein ein und alles, und er beginnt augenblicklich zu krähen, wenn das Essen nicht Punkt 12 auf dem Tisch steht. Kurz gesagt: Ein Mensch, den man immer einzuschätzen weiß - leider!

Verrückter Visionär: Der Wassermann-Hahn

Sein Blick reicht in die Zeit hinaus, und seine Weltsysteme schocken in ihrer Originalität selbst Experten. Dieser wenig konventionelle Hahn besitzt Freiheit im Denken und Handeln und agiert losgelöst von den Regeln der Gesellschaft am effektivsten. Er wird unermüdlich denken und forschen und sein Wissen zu verbreiten suchen - in der Eckkneipe oder vor der Akademie der Wissenschaften. Seine Gedanken schlagen Schneisen oder verursachen Kahlschlag, doch darauf kann er keine Rücksicht nehmen...

Moralapostel blau: Der Fische-Hahn

Ein Asket mit leichtem Hirnschaden: Der Fisch fügt dem Hahn eine deutliche Macke in der Abteilung Disziplin und Moral zu. Dieser Hahn kann den Verlockungen des Lebens gegenüber nicht nur schwach werden, sondern genießt es auch noch. Hier und da ein Fläschen Wein oder etwas Weib und Gesang - da sagt der Fische-Hahn nicht Nein. Auch wenn er sich am Morgen vor dem Spiegel schwere Vorhaltungen macht und zusätzlich zum Brummschädel auch noch unter Schuldgefühlen der Stärke 6 auf der nach oben offenen Disziplinskala zu leiden hat...

MÖGEST DU IN BEWEGTEN ZEITEN LEBEN!

DIE ZUKUNFT DES HAHNES

Was erwartet den Hahn in den herannahenden Jahren der übrigen Tierzeichen? Werfen Sie einen Blick weit hinaus in die Zeit und lesen Sie die Geheimnisse Ihrer Zukunft im kommenden Jahrzehnt:

IM JAHR DES HUNDES 1994 • 2006

Schicksalseinwirkungen und Veränderungen zum Schlechten hin quälen andere Zeichen in diesem Jahr, nicht aber den Hahn. Zwar wird er hart arbeiten, zahlreiche Gäste bewirten müssen und viel auf Reisen sein, aber dieses Jahr emotional stabil und bei guter Gesundheit überstehen. Es nervt den Hahn, daß der sozial engagierte Hund, der dieses Jahr beherrscht, finanzielle Transaktionen für verwerflich hält und deshalb im Keim erstickt. Doch kommt der Hahn auch ohne Hasadeurstücke an seinen Lebensunterhalt. Das kostet ihn jedoch Schweiß. Spannungen in einer neuen Liebesaffäre lassen sich einfach lösen - durch Zuhören! Zu schwer für einen Hahn?

IM JAHR DES SCHWEINES 1995 • 2007

Kein Jahr der Sonnenstrahlen für den Hahn. Der ist ein begeisterter Asket, während das Schwein auf Wohlleben und Luxus steht. In dieser Atmosphäre ersticken die genialen Gedanken des Hahnes im Keim. Allzu reichliches Essen, edle Weine und heißes Liebesgeflüster interessieren den Hahn nicht sonderlich, und wenn er sich darauf einläßt, machen sie ihn schlapp und träge. Ihm ist ein anständiger Streit lieber als satte Harmonie unter Dumpfmosern! So sieht der Hahn das bodenständige Schwein, und es antwortet ihm mit entsprechender Sympathie: Rückschläge im Beruf, Liebeskrisen, falsche Freunde und finanzielle Verluste. In diesem Jahr kriegt der arrogante Gockel keinen Fuß auf den Grund!

Im Jahr der Ratte 1996 · 2008

Ist es die Ratte selbst, die geldgierig alle Barschaft an sich rafft? Jedenfalls ist der Hahn in diesen 365 Tagen knapp bei Kasse. Auch mit gewagten Investitionen oder gar durch Glückspiel wird er das Blatt nicht wenden. Kein Jahr, in dem der Hahn irgendwelche Risiken - seien es zwischenmenschliche oder finanzielle - eingehen sollte. Irgend jemand anderes ist immer schneller! Konzentrieren Sie sich also auf die Familie!

Im Jahr des Büffels 1997 · 2009

Zwar verstehen sich Hahn und Büffel glänzend, doch sind sich die beiden einig darüber, daß ein gesunder, aufrechter Mensch mit zwei tatkräftigen Händen keine Hilfe braucht. Nein, der Büffel steht dem Hahn nicht im Weg, aber er würde es auch nie wagen, dem Freund unnützerweise Hilfe anzutragen. Und: Würde der Hahn sie annehmen? Eine gute Zeit also für Eigeninitiative und zähes Durchhalten! In Liebesdingen ergeben sich Probleme, weil die dumpfe Art des Büffels in diesem Bereich mehr zerstört als sie festigen kann. Bemühen Sie sich um Feinfühligkeit, auch wenn das Zeichen des Jahres eher von der deftigen Art ist.

Im Jahr des Tigers 1998 · 2010

Der Hahn sollte nicht versuchen, mit dem verrückten Tiger mitzuhalten. Das Übermaß an Chaos, Veränderungen und gedankenlosen Zerstörungen, die der Tiger immer wieder verursacht, geht dem konservativen Hahn gegen den Strich. Wo bleibt seine geliebte Routine, seine bewährte Alltäglichkeit? Versuchen Sie, lieber Hahn, die Ruhe zu bewahren und den Wirbelsturm über sich hinwegrasen zu lassen. Wenn Sie mitmischen, kann Ihnen schnell die Puste ausgehen! Es genügt, Ihren Besitzstand und Ihre bewährten Beziehungen zu sichern. Gelingt Ihnen dies, können Sie froh sein!

Im Jahr der Katze 1999 · 2011

Ein mäßig gesundes Jahr, in dem überlegte Geschäftigkeit und mit anderen abgesprochene und solide durchdachte Projekte gute Früchte tragen. Finanzielle Erfolge, die sich in solchen Konstellationen wie von selbst einstellen, geraten in Gefahr, wenn sich der Hahn zu Alleingängen hinreißen läßt. Da die Katze die rauhe, unvermittelte Art des Hahnes nicht mag, stellen sich in diesem Jahr kaum erotische Gelegenheiten ein. Versuchen Sie es nicht zu zwingen! Katzen haben Krallen, und die können kratzen...

Im Jahr des Drachen 2000 · 2012

Ein lautes, fröhliches Jahr der sich überstürzenden Feste und Feiern, und zugleich ein Jahr des Neubeginns und des Wachstums! Feiern Sie mit dem Drachen den Rausch des Lebens - und vergessen Sie nicht, Ihre Freunde einzuladen! Für den Hahn ergeben sich zahlreiche neue Kontakte, und die Erotik ist davon nicht ausgeschlossen. Vielleicht findet mancher Gockel in diesem Jahr die Henne fürs Leben! Gesundheitlich drohen Gefahren. Übernehmen Sie sich nicht, denn sonst droht Ihnen Krankheit. Ursache: Zu wenig Schlaf und viel zu viel Alkohol. Ihre Leber könnte rebellieren! Lassen Sie hin und wieder eine unbedeutendere Orgie aus!

Im Jahr der Schlange 2001 · 2013

Nein, die Schlange ist dem Hahn nicht feindlich gesinnt. Doch bestimmt ihre Wesensart dieses Jahr: Man weiß nie so genau, was passieren wird. Unberechenbare Konstellationen und im Hintergrund wirkende Kräfte können den Hahn zur Raserei treiben. Doch sollte er keinesfalls die Konfrontation suchen, sondern die Abläufe beobachten und sich, soweit er es kann, in die Verhältnisse fügen. Sonst drohen Unglücksfälle oder unübersehbare Verwicklungen. In diesem Jahr sollten Hähne schwelende Beziehungskrisen nicht unbedingt zur Entscheidung bringen.

Im Jahr des Pferdes 2002 · 2014

Kein sonderlich gefährliches Jahr für Ihr Geld: Zwar lauern überall Hindernisse für Ihre Vorhaben, versteckte Kosten, unerwartete Einbußen und zusätzliche Teuerungen, denn das Pferd mag es großzügig bis verschwenderisch, und der Hahn benützt generöse Gesten zur Selbstdarstellung. Zählen Sie Ihre Groschen penibel wie Dagobert Duck, und am besten schaffen

Sie sich auch so einen Geldspeicher an! Wählen Sie äußerst solide Anlageformen, am besten Gold! Vergaloppieren Sie sich auch in Sachen Ernährung nicht zu sehr! Sie sollten das Frühjahr ohne Schwimmring überstehen, sonst machen Sie im Sommer keine gute Figur!

Im Jahr der Ziege 2003 • 2015

Ein traumhaftes Jahr für alle kreativen Menschen! Große Gedanken wachsen, gewaltige Projekte nehmen Gestalt an, und Neuerungen durchdringen alle Gebiete des menschlichen Lebens. Nichts für den Hahn, der es lieber bewährt und solide mag. Auch der Schlendrian der Ziege ist ihm zuwider. Doch herrscht eben die Ziege über diese zwölf Monate, und der Hahn fängt sich nichts als Ärger ein, wenn er gegen ihr sanftes Regiment rebelliert: Bestehendes kollidiert mit Wachsendem, sein Bedürfnis nach Sicherheit findet wenig Widerhall. Nur wenn er Geduld und Toleranz zeigt, fügt ihm dieses Jahr keinen Schaden zu.

Im Jahr des Affen 2004 • 2016

Dieses Jahr spielt einem allzu aktiven Hahn übel mit. Er, der Informations-Fanatiker, tappt naiv in viele Fallen des Affen und handelt so grundlegend falsch, daß er viel von seinem Wohlstand einbüßen könnte. Hähne sollten in diesem Jahr jede Neuigkeit lieber zweimal hinterfragen und jeden ihrer hart verdienten Groschen lieber dreimal umdrehen, weil sie sonst Gefahr laufen, auf Betrügereien hereinzufallen. Nur bewährte Verbindungen und erprobte Verfahren versprechen Erfolg. Halten Sie besser an Bestehendem fest und warten Sie lieber in Ruhe ab, anstatt durch Tatendrang großen Schaden anzurichten!

Im Jahr des Hahnes 2005 · 2017

Ein glückliches, wenn auch materiell nicht allzu gewinnbringendes Jahr für den Hahn. Immerhin festigt sich unter dem Hahnen-Einfluß die bestehende Ordnung, und der Hahn legt den Grundstein für zukünftige Vorhaben, die ihm in den kommenden Jahren reichlichen Ertrag sichern. Er findet als Person Anerkennung, und neue Pforten tun sich auf, die in bisher unbekannte Räume führen. Auch trifft er auf neue, für ihn bedeutende Menschen, welche in seinem künftigen Leben wichtige Rollen spielen werden. Emotionale Katastrophen und plötzliche Verluste treffen ihn nicht in diesem Jahr - schließlich hat er in jeder Hinsicht solide vorgesorgt.

Prominente Hähne

Metall

Simone Signoret - Schauspielerin - 25.3.1921
Peter Ustinov - Regisseur & Schauspieler - 16.4.1921
Prinz Philip - 10.6.1921
Yves Montand - Chansonnier & Schauspieler - 13.10.1921

Feuer

Frank Capra - Regisseur - 19.5.1897
Melanie Griffith - Schauspielerin - 9.8.1957
Paul VI. - Papst - 26.9.1897
Joseph Goebbels - braunes Megaphon - 29.10.1897

Wasser

Richard Wagner - Komponist - 22.5.1813
Giuseppe Verdi - Komponist - 10.10.1813
Sacha Distel - Sänger - 29.1.1933
Michael Caine - Schauspieler - 14.3.1933
Quincy Jones - Musiker - 14.3.1933
Jean Paul Belmondo - Schauspieler - 9.4.1933
Joan Collins - "Denver-Biest "- 23.5.1933
Roman Polanski - Regisseur - 18.8.1933

Erde

Juliana - Königin der Niederlande - 30.4.1909
Bernhard Grzimek - Fernseh-Zoologe - 24.4.1909
Benny Goodman - Jazzmusiker - 30.5.1909
James Mason - Schauspieler - 15.5.1909
Errol Flynn - Schauspieler - 20.6.1909
Andrej Gromyko - sowjetischer Politiker - 18.7.1909
Katharine Hepburn - Schauspielerin - 8.11.1909

Holz

Eric Clapton - Rockmusiker - 30.3.1945
Bob Marley - Reggae-Musiker - 6.4.1945
Thomas Huxley - Naturforscher - 4.5.1825
Peter Townshend - "The Who" - 19.5.1945
Van Morrison - Rockmusiker - 31.8.1945
Bette Midler - Schauspielerin & Sängerin - 1.12.1945
David Lynch - Regisseur - 20.1.1946

1906	*Feuer*	Pferd	25. Jan. 1906 - 12. Feb. 1907
1907	*Feuer*	Ziege	13. Feb. 1907 - 2. Feb. 1908
1908	*Erde*	Affe	3. Feb. 1908 - 21. Jan. 1909
1909	*Erde*	Hahn	22. Jan. 1909 - 9. Feb. 1910
1910	*Metall*	Hund	10. Feb. 1910 - 29. Jan. 1911
1911	*Metall*	Schwein	30. Jan. 1911 - 17. Feb. 1912
1912	*Wasser*	Ratte	18. Feb. 1912 - 5. Feb. 1913
1913	*Wasser*	Büffel	6. Feb. 1913 - 25. Jan. 1914
1914	*Holz*	Tiger	26. Jan. 1914 - 13. Feb. 1915
1915	*Holz*	Katze	14. Feb. 1915 - 2. Feb. 1916
1916	*Feuer*	Drache	3. Feb. 1916 - 22. Jan. 1917
1917	*Feuer*	Schlange	23. Jan. 1917 - 10. Feb. 1918
1918	*Erde*	Pferd	11. Feb. 1918 - 31. Jan. 1919
1919	*Erde*	Ziege	1. Feb. 1919 - 19. Feb. 1920
1920	*Metall*	Affe	20. Feb. 1920 - 7. Feb. 1921
1921	*Metall*	Hahn	8. Feb. 1921 - 27. Jan. 1922
1922	*Wasser*	Hund	28. Jan. 1922 - 15. Feb. 1923
1923	*Wasser*	Schwein	16. Feb. 1923 - 4. Feb. 1924
1924	*Holz*	Ratte	5. Feb. 1924 - 23. Jan. 1925
1925	*Holz*	Büffel	24. Jan. 1925 - 12. Feb. 1926
1926	*Feuer*	Tiger	13. Feb. 1926 - 1. Feb. 1927
1927	*Feuer*	Katze	2. Feb. 1927 - 22. Jan. 1928
1928	*Erde*	Drache	23. Jan. 1928 - 9. Feb. 1929
1929	*Erde*	Schlange	10. Feb. 1929 - 29. Jan. 1930
1930	*Metall*	Pferd	30. Jan. 1930 - 16. Feb. 1931
1931	*Metall*	Ziege	17. Feb. 1931 - 5. Feb. 1932
1932	*Wasser*	Affe	6. Feb. 1932 - 25. Jan. 1933
1933	*Wasser*	Hahn	26. Jan. 1933 - 13. Feb. 1934
1934	*Holz*	Hund	14. Feb. 1934 - 3. Feb. 1935
1935	*Holz*	Schwein	4. Feb. 1935 - 23. Jan. 1936
1936	*Feuer*	Ratte	24. Jan. 1936 - 10. Feb. 1937
1937	*Feuer*	Büffel	11. Feb. 1937 - 30. Jan. 1938
1938	*Erde*	Tiger	31. Jan. 1938 - 18. Feb. 1939
1939	*Erde*	Katze	19. Feb. 1939 - 7. Feb. 1940
1940	*Metall*	Drache	8. Feb. 1940 - 26. Jan. 1941
1941	*Metall*	Schlange	27. Jan. 1941 - 14. Feb. 1942
1942	*Wasser*	Pferd	15. Feb. 1942 - 4. Feb. 1943
1943	*Wasser*	Ziege	5. Feb. 1943 - 24. Jan. 1944
1944	*Holz*	Affe	25. Jan. 1944 - 12. Feb. 1945
1945	*Holz*	Hahn	13. Feb. 1945 - 1. Feb. 1946
1946	*Feuer*	Hund	2. Feb. 1946 - 21. Jan. 1947
1947	*Feuer*	Schwein	22. Jan. 1947 - 9. Feb. 1948
1948	*Erde*	Ratte	10. Feb. 1948 - 28. Jan. 1949
1949	*Erde*	Büffel	29. Jan. 1949 - 16. Feb. 1950
1950	*Metall*	Tiger	17. Feb. 1950 - 5. Feb. 1951
1951	*Metall*	Katze	6. Feb. 1951 - 26. Jan. 1952
1952	*Wasser*	Drache	27. Jan. 1952 - 13. Feb. 1953
1953	*Wasser*	Schlange	14. Feb. 1953 - 2. Feb. 1954
1954	*Holz*	Pferd	3. Feb. 1954 - 23. Jan. 1955
1955	*Holz*	Ziege	24. Jan. 1955 - 11. Feb. 1956

1956	*Feuer*	Affe	12. Feb. 1956	- 30. Jan. 1957
1957	*Feuer*	Hahn	31. Jan. 1957	- 17. Feb. 1958
1958	*Erde*	Hund	18. Feb. 1958	- 7. Feb. 1959
1959	*Erde*	Schwein	8. Feb. 1959	- 27. Jan. 1960
1960	*Metall*	Ratte	28. Jan. 1960	- 14. Feb. 1961
1961	*Metall*	Büffel	15. Feb. 1961	- 4. Feb. 1962
1962	*Wasser*	Tiger	5. Feb. 1962	- 24. Jan. 1963
1963	*Wasser*	Katze	25. Jan. 1963	- 12. Feb. 1964
1964	*Holz*	Drache	13. Feb. 1964	- 1. Feb. 1965
1965	*Holz*	Schlange	2. Feb. 1965	- 20. Jan. 1966
1966	*Feuer*	Pferd	21. Jan. 1966	- 8. Feb. 1967
1967	*Feuer*	Ziege	9. Feb. 1967	- 29. Jan. 1968
1968	*Erde*	Affe	30. Jan. 1968	- 16. Feb. 1969
1969	*Erde*	Hahn	17. Feb. 1969	- 5. Feb. 1970
1970	*Metall*	Hund	6. Feb. 1970	- 26. Jan. 1971
1971	*Metall*	Schwein	27. Jan. 1971	- 14. Feb. 1972
1972	*Wasser*	Ratte	15. Feb. 1972	- 2. Feb. 1973
1973	*Wasser*	Büffel	3. Feb. 1973	- 22. Jan. 1974
1974	*Holz*	Tiger	23. Jan. 1974	- 10. Feb. 1975
1975	*Holz*	Katze	11. Feb. 1975	- 30. Jan. 1976
1976	*Feuer*	Drache	31. Jan. 1976	- 17. Feb. 1977
1977	*Feuer*	Schlange	18. Feb. 1977	- 6. Feb. 1978
1978	*Erde*	Pferd	7. Feb. 1978	- 27. Jan. 1979
1979	*Erde*	Ziege	28. Jan. 1979	- 15. Feb. 1980
1980	*Metall*	Affe	16. Feb. 1980	- 4. Feb. 1981
1981	*Metall*	Hahn	5. Feb. 1981	- 24. Jan. 1982
1982	*Wasser*	Hund	25. Jan. 1982	- 12. Feb. 1983
1983	*Wasser*	Schwein	13. Feb. 1983	- 1. Feb. 1984
1984	*Holz*	Ratte	2. Feb. 1984	- 19. Feb. 1985
1985	*Holz*	Büffel	20. Feb. 1985	- 8. Feb. 1986
1986	*Feuer*	Tiger	9. Feb. 1986	- 28. Jan. 1987
1987	*Feuer*	Katze	29. Jan. 1987	- 16. Feb. 1988
1988	*Erde*	Drache	17. Feb. 1988	- 5. Feb. 1989
1989	*Erde*	Schlange	6. Feb. 1989	- 26. Jan. 1990
1990	*Metall*	Pferd	27. Jan. 1990	- 14. Feb. 1991
1991	*Metall*	Ziege	15. Feb. 1991	- 3. Feb. 1992
1992	*Wasser*	Affe	4. Feb. 1992	- 22. Jan. 1993
1993	*Wasser*	Hahn	23. Jan. 1993	- 9. Feb. 1994
1994	*Holz*	Hund	10. Feb. 1994	- 30. Jan. 1995
1995	*Holz*	Schwein	31. Jan. 1995	- 18. Feb. 1996
1996	*Feuer*	Ratte	19. Feb. 1996	- 6. Feb. 1997
1997	*Feuer*	Büffel	7. Feb. 1997	- 27. Jan. 1998
1998	*Erde*	Tiger	28. Jan. 1998	- 15. Feb. 1999
1999	*Erde*	Katze	16. Feb. 1999	- 4. Feb. 2000
2000	*Metall*	Drache	5. Feb. 2000	- 23. Jan. 2001
2001	*Metall*	Schlange	24. Jan. 2001	- 11. Feb. 2002
2002	*Wasser*	Pferd	12. Feb. 2002	- 31. Jan. 2003
2003	*Wasser*	Ziege	1. Feb. 2003	- 19. Feb. 2004
2004	*Holz*	Affe	20. Feb. 2004	- 8. Feb. 2005
2005	*Holz*	Hahn	9. Feb. 2005	- 28. Jan. 2006